Der ultimative Einbürgerungstest für HAMBURG

riva

VORWORT

Jetzt bist du also hier gelandet. Hamburg. Hansestadt an der Elbe – das weißt du natürlich. Was du vielleicht (noch) nicht weißt, ist, welche Bräuche es hier gibt, wie man die lustigen Dialektwörter ausspricht und was man unbedingt vermeiden sollte, wenn man es sich mit den Einheimischen nicht verscherzen will. Denn nur weil du in Hamburg wohnst, heißt das nicht, dass du auch ein echter Hamburger bist.

Zunächst musst du diesen Einbürgerungstest bestehen.

Zeichne

Hamburg

auf der gegenüberliegenden Deutschlandkarte ein.

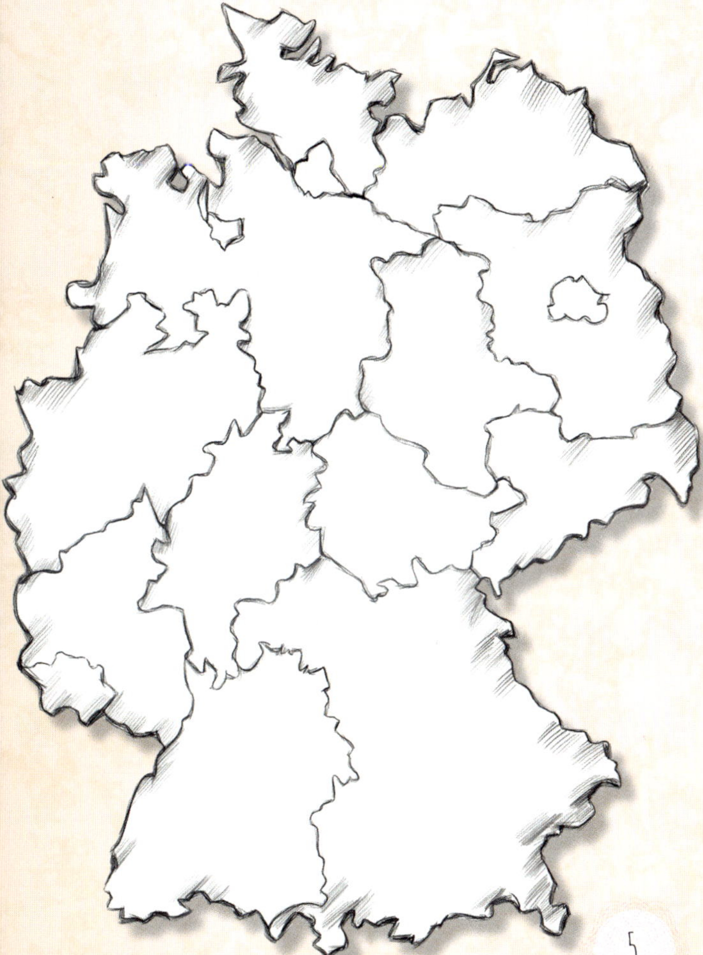

Was ist für

Hamburg

typisch?

Markiere die entsprechenden Symbole.

Wie lautet die Redensart richtig?

a) Hamburg ist das Ohr der Welt.
b) Hamburg ist das Tor zur Welt.
c) Hamburg kommt noch vor der Welt.
d) Hamburg ist das Tor zum Geld.

Wer oder was ist eine „Bangbüx"?

a) Sexy Unterwäsche
b) Ein Angsthase
c) Ein Hügel außerhalb Hamburgs, wo man im Winter mit den Kindern zum Schlittenfahren hingeht
d) Ein Geizhals

MALE AUF DER RECHTEN SEITE EIN LANDESTYPISCHES GERICHT.

Benenne 5 Eigenschaften, die die Menschen in Hamburg auszeichnen:

1. ______________________________
2. ______________________________
3. ______________________________
4. ______________________________
5. ______________________________

Bucket List Heimat

Kannst du alles abhaken?

- ☐ In den „Golden Pudel Club" gehen.
- ☐ Das Miniatur Wunderland besuchen.
- ☐ In die Elbphilharmonie gehen.
- ☐ Stand-Up-Paddling auf der Alster.

- ☐ Ins Musical „Der König der Löwen" am Hafen gehen.
- ☐ Ein Heimspiel des HSV sehen.
- ☐ Durch den alten Elbtunnel spazieren.
- ☐ Street-Art im Schanzenviertel fotografieren.

Auf der nächsten Seite geht's weiter →

- [ ] Schlittschuhlaufen in Planten un Blomen.
- [ ] Im Restaurant „Finkenwerder Landungsbrücke" was Leckeres mit Fisch essen.
- [ ] Im Schanzenviertel auf Kneipentour gehen.
- [ ] Sich eine Kumpir Kartoffel an der Sternschanze gönnen.

- [ ] In der „20Up Bar" im „Empire Riverside Hotel" einen Cocktail schlürfen und die Aussicht genießen.
- [ ] In der Fischauktionshalle des Fischmarkts um 6 Uhr morgens zu Livemusik tanzen.
- [ ] Am Elbstrand den Dampfern nachgucken.

Klischeekoeffizient

Wenn du alle der folgenden Merkmale erfüllst, kannst du den restlichen Test überspringen und giltst als eingebürgert:

- Hamburger sind reich.
- Hamburger haben ein kühles Temperament.
- Hamburger vertragen reichlich Schnaps.
- Hamburger essen bei jeder Gelegenheit Fisch.

- Hamburger haben mindestens 5 verschiedene Regenoutfits im Schrank.
- Hamburger sind Snobs.
- Hamburger hassen Berlin.
- Hamburger sind immer pünktlich.
- Hamburger lieben Franzbrötchen.

MALE DIE FLAGGE IN LANDESFARBEN AUS.

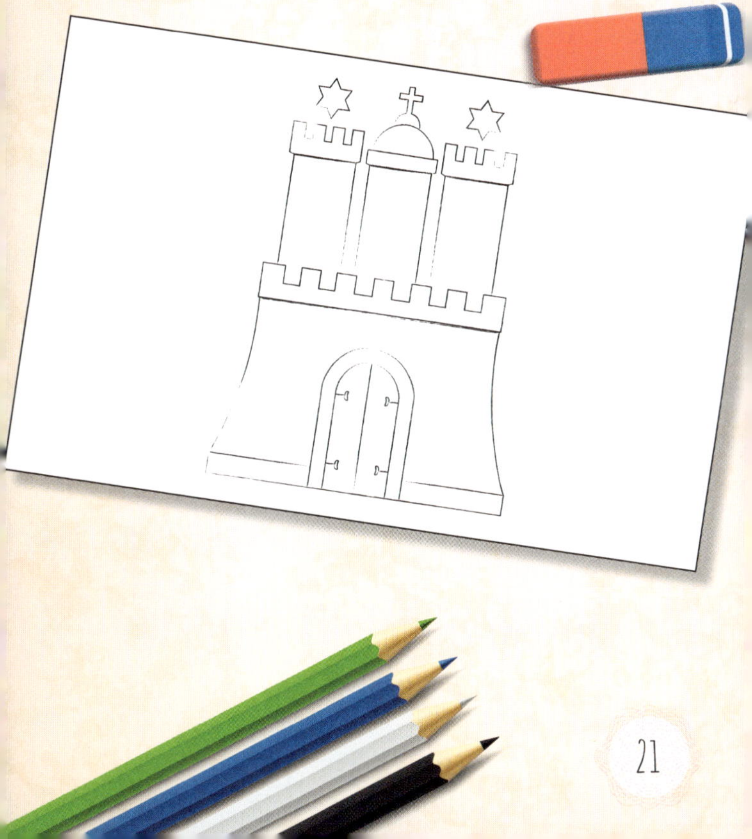

Wenn der Hamburger zum „Dom" geht, findet man ihn

A) in der Kirche.
B) auf dem Klo.
C) auf dem Volksfest.
D) beim Urologen.

Wenn man um „Butter bei die Fische" gebeten wird, sollte man

a) das Weite suchen.
b) zum Punkt kommen.
c) die Finger davon lassen.
d) den Gesprächspartner küssen.

In Hamburg geht man

A) nach St. Pauli

B) auf St. Pauli

C) zu St. Pauli

D) in St. Pauli

D) bei St. Pauli

Eine berühmte Hamburger Persönlichkeit, von der sich auch ein Standbild in der Stadt findet, heißt

a) Zitronenjette
b) Limettenlotte
c) Bananenberta
d) Apfelerna
e) Hasenheike

Koche das folgende Rezept nach – und lass ein paar Einheimische probieren. Test bestanden?

Gestovte Schnippelbohnen

Dat brugst du:

- En veertel Pund grööne Bohnen
- En Teelepel Botter
- En Etlepel Mehl
- En Tass Melk
- En Etlepel Petersill

Nu geiht dat los:

Bohnen putzen, afwaschen un schreeg in lütte Stücken schnieden. Schnippelbohnen mit en beten Water binah todecken ob koken loten. Denn en beten Solt dorto. De Bohnen afdrubben laten. In en Pann de Botter smölden. Dat Mehl inröhren un bi wenich Hidden anbroten. Mit Melk aflöschen un dannig röhren. Bi dat Röhren mut dat obkoken. Mit de Bohnen vermengeleren. Gestovte Schnippelbohnen mit Peper und Solt afsmecken. Fien hackte Petersill dröwer streuen. Besünners goot smeckt dat Ganze mit Soltkantüffeln.

Lerne, folgendes Wort auszusprechen:

Achtertrüchbrems-pedder

(Rücktrittbremse)

Was ist das denn?

Wuling

Knallköm

PLIETSCH

TILLFEUTEN

KRÜSCH

Wo ist … ?

Planten un Blomen

Elbphilharmonie

Reeperbahn

Michel

Tierpark Hagenbeck

Hafen

Landungsbrücken

Dom

Speicherstadt

Fischmarkt

WAS PASSIERT, WENN MAN ÄRGER MIT EINEM „UDEL" HAT?

A) MAN HAT DURCHFALL.
B) MAN HAT PROBLEME MIT DER POLIZEI.
C) MAN HAT HAUSARREST.
D) MAN HAT SICH VERLAUFEN.
E) MAN FINDET SEINE GELDBÖRSE NICHT.

Wer oder was ist ein „Brass"?

A) Ein geräuchterter Fisch

B) Schlechte Laune

C) Eine Krawatte

D) Ein dickes Kind

E) Eine Knoblauchwurst

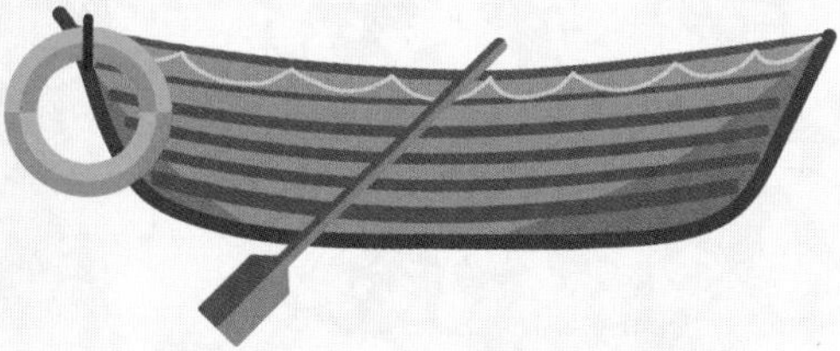

Wie lauten die korrekten Bezeichnungen für diese Dinge und Orte?

Ackerschnacker – ______________

Putzbüdel – ______________

Gattenpietscher – ______________

Dor nich för – ______________

Missingsch – ______________

Dinge, die ein Hamburger **NIE** sagen würde

„Ich hätte gerne eine von diesen Zimtschnecken."

„Ich glaube, ich bestelle ein Radler."

„Berlin ist ja auch ganz schön."

„Lass uns lieber warten, bis es zu regnen aufhört."

„Grüß Gott!"

„Wer ist eigentlich der Michel?"

„Junggesellenabschied auf der Reeperbahn finde ich ziemlich cool."

„Wegen der paar Minuten musst du das Fahrrad wirklich nicht abschließen."

„Lass uns doch mal wieder eine Hafenrundfahrt machen!"

„Ich habe mich noch nicht entschieden, welche von den günstigen Wohnungen ich nehme."

Klebe hier ein Foto von dir an einem Ort ein, der für

Hamburg

steht.

CONNECTIONS

Hast du regelmäßigen Kontakt zu mindestens 5 Einheimischen? Schreibe ihre Namen auf und in welchem Verhältnis sie zu dir stehen.

Was du in Hamburg vermeiden solltest, um nicht wie ein Tourist zu wirken:

Das besonders günstige Fischbrötchen essen.

Am Wochenende am Hauptbahnhof umsteigen.

Als Frau im Winter auf der Reeperbahn Daunenjacke und Moonboots tragen.

ALS MANN IM WINTER AUF DER REEPERBAHN MIT EINER FRAU IN DAUNENJACKE UND MOONBOOTS FLIRTEN.

EINEN SONNTAGSSPAZIERGANG UM DIE ALSTER MACHEN.

Was bedeutet „In'n Tüddel koomm"?

A) Einen Regenmantel anziehen.
B) Durcheinanderkommen.
C) Sich beeilen.
D) Gänsehaut haben.
E) Alterserscheinungen haben.

Wer oder was ist ein/e Quiddje?

a) Eine Frucht, aus der Marmelade hergestellt wird
b) Bezeichnung für NichtHamburger
c) Norddeutsches Musikinstrument
d) Ein großer Pickel
e) Bezeichnung für Kleingeld

Nicht zu unterschätzen:
Fluche 3-Mal auf

Platt!

1. ____________________

____

2. ____________________

____

3. ____________________

____

Skizziere hier
Landestypische Outfits

Unnützes Wissen, das dir bestimmt mal weiterhilft

- Im legendären „Star Club“ in Hamburg begann die internationale Karriere der Beatles.
- Der Hamburger Hafen ist fast so groß wie Kopenhagen.
- In Blankenese gibt es weltweit die meisten Treppen in einem Stadtviertel.
- Die U-Bahn-Haltestelle „Messehallen“ der Hamburger U2 liegt 26 Meter unter der Erde, und ihre Rolltreppen sind 40 Meter lang. Beides ist deutscher Rekord.
- Der Jungfernstieg an der südlichen Binnenalster wurde 1838 angelegt und ist die erste asphaltierte Straße Deutschlands.
- Der Ohlsdorfer Friedhof im gleichnamigen Stadtteil ist der größte Park-

friedhof der Welt. Er verfügt über ein 17 Kilometer langes Straßennetz und 22 Bushaltestellen.

- Der Adventskranz wurde im Jahr 1829 vom Hamburger Theologen Johann Hinrich Wichern erfunden. Er gilt auch als Begründer der Inneren Mission der evangelischen Kirche.
- Ein Hamburger Fischbrötchen mit Räucherlachs oder Backfisch hat zwischen 290 und 390 Kalorien, eines mit Brathering fast 500.
- Die Hamburger Elbphilharmonie wiegt rund 200 000 Tonnen. Das entspricht ungefähr tausend Blauwalen. Die „Elphi" ist zudem Deutschlands teuerstes Wohnhaus mit Quadratmeterpreisen zwischen 15 000 und 25 000 Euro.
- Der Hamburger Tierpark Hagenbeck ist der älteste der Welt und besteht seit 1907.

Wer oder was sind „Hühn un Pedühn"?

A) Hinz und Kunz
B) Hammer und Sichel
C) Oben und unten
D) Links und Rechts
E) Mutter und Vater

Die Aufforderung „Klei mi an de Feut!" bedeutet:

A) Du kannst mich mal.
B) Begleite mich nach Hause.
C) Mich sticht der Hafer.
D) Das ist ja unglaublich.
E) Ich zahle die Rechnung.

Übersetze folgenden Text:
Hochdüütsch kann jedeen Döösbaddel snacken, Platt is för de Plietschen.

AUFLÖSUNG

SEITE 4:

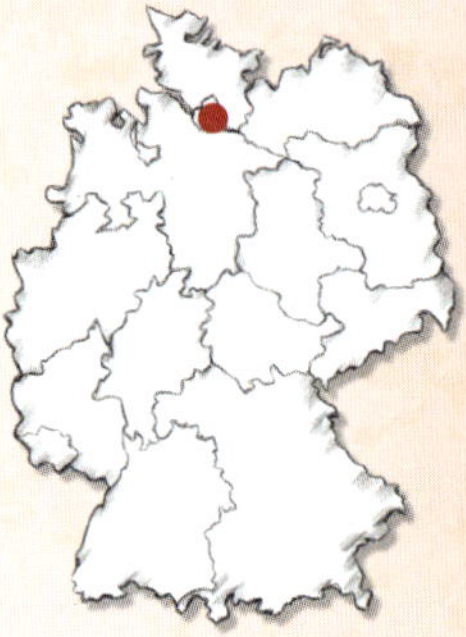

SEITE 6:

Seite 8:

Hamburg ist das Tor zur Welt.

Seite 9:

Ein Angsthase

Seite 20:

Seite 22:

Auf dem Volksfest

Seite 23:

Zum Punkt kommen

Seite 24:

Auf St. Pauli

Seite 25:

Zitronenjette

Seite 30/31:

Unordnung, Sekt, schlau, mit den Füßen zappeln, wählerisch

Seite 32/33:

Im Zentrum, an der Elbe (Hafencity), auf St. Pauli, in der Neustadt, in Stellingen, zwischen Altona und Harburg, auf St. Pauli, auf dem Heiligengeistfeld, nördlich der Hafencity, in Altona

Seite 34:

Man hat Probleme mit der Polizei.

Seite 35:

Schlechte Laune

Seite 36:

Handy, Frisör, Lehrer, gern geschehen, Hamburger Dialekt

Seite 46:

Durcheinanderkommen

Seite 47:

Bezeichnung für Nicht-Hamburger

Seite 54:

Hinz und Kunz

Seite 55:

Du kannst mich mal.

Seite 56:

Hochdeutsch kann jeder Dummkopf sprechen, Platt ist etwas für die Pfiffigen.

IK GRATULEER DI,
WENN DU SO WIEDERMOKST,
WARST DU BALD EN ECHTE
HAMBURGER
SIEN.

URKUNDE

Name

Vorname

---

wurde erfolgreich in
Hamburg eingebürgert!

Bibliografische Information der Deutschen Nationalbibliothek
Die Deutsche Nationalbibliothek verzeichnet diese Publikation in der Deutschen Nationalbibliografie. Detaillierte bibliografische Daten sind im Internet über http://d-nb.de abrufbar.

Für Fragen und Anregungen
info@rivaverlag.de

Originalausgabe
1. Auflage 2021

Türkenstraße 89
80799 München
Tel.: 089 651285-0
Fax: 089 652096

Text: Saskia Helletsberger
Umschlaggestaltung und Layout: Catharina Aydemir
Umschlagabbildung: shutterstock.com/Aquir, ekler, photokirov, Macrovector, Enzo Molinari, Parrot Ivan, N.Vector Design, ivector
Abbildungen Innenteil: shutterstock.com/dimpank, Macrovector, Enzo Molinari, Albert-Buchatskyy, Ara Hovhannisyan, Brovko Serhii, N. Vector Design, Parrot Ivan, Sofia V, avh vectors, Andrey Vyrypaev, Leviana, Lars Poyansky, rangsan paidaen, ArtMari, asantosg, Annika Gandelheid
Satz: Satzwerk Huber, Germering
Druck: Livonia Print, Riga
Printed in Latvia

ISBN 978-3-7423-1496-3